www.ingramcontent.com/pod-product-compliance
Lightning Source LLC
LaVergne TN
LVHW041235150826
845673LV00008B/2386

* 9 7 8 9 9 4 8 7 9 9 6 5 8 *

حَياةٌ مقوّسَةٌ

سلام جليل

حَياةٌ مقوَّسَةٌ

شعر

إصدارات دائرة الثقافة، حكومة الشارقة 2023 م

الناشر: دائرة الثقافة - حكومة الشارقة - الإمارات العربية المتحدة
الهاتف: 5123333 6 971+
البرّاق: 5123303 6 971+
الموقع الإليكتروني: www.sdc.gov.ae
البريد الإليكتروني: sdc@sdc.gov.ae

الطبعة الأولى 2023

إخراج: منال السويدي

811.9567
ج س . ح جليل، سلام
حياة مقوسة / سلام جليل.- الشارقة، الإمارات العربية المتحدة : دائرة الثقافة، 2023.
76 ص ؛ 21x14 سم.
البحث الفائز بالمركز الثاني بجائزة الشارقة للإبداع العربي في مجال الشعر ، الإصدار الأول، الدورة 26، 2022- 2023.
1. الشعر العربي– العراق – دواوين وقصائد
أ. العنوان ب. جائزة الشارقة للإبداع العربي (26 : 2022- 2023)

ISBN: 978-9948-799-65-8

الإهداء

إلى واحدتي في الحياةِ
أُهدي واحدتي في الشعر

نصفٌ زائل

قلبـي المحِـبُّ إجابـةٌ وتسـاؤلُ
وسـرىً يطـولُ وليلـةٌ تتضـاءلُ

كصحيفـةٍ للريـحِ قـد أطلقتُـهُ
ومضيـتُ لا أشـكو ولا أتفـاءلُ

أيقنـتُ أنّـي حيـنَ أنشـرُهُ؛ أثـورُ
وحيـنَ يطويـهِ الأسـى؛ أتخـاذلُ

لـو سـادَهُ عطـشٌ هلامـيٌّ يخـرُّ
كمـا تخـرُّ مـن الذبـولِ سـنابلُ

تبـدو سـكينتُهُ صـدىً للأغنيـاتِ
وغفـــوةً عـــن حلمِـــهِ تتنـــازلُ

فإلـى متـى يجتاحُنـي؟ وإلـى متـى
يبقـى دمـي المهزومُ فـيَّ يُناضلُ؟

وإلـى متـى دربُ الأمانـي نصفُـهُ
حـربٌ بـلا جدوى ونصـفٌ زائلُ؟

مـاذا سيخلدُ مـن بريـدِ مواجعـي؟
وقصائـدي بيـدِ الخريـفِ رسـائلُ

أنــا مغـرمٌ، لـم يغـرسِ الذكـرى؛
لأنَّ العشقَ في زمنِ اليبابِ مناجلُ

لكنَّنـــي أقفلــتُ بــابَ الخــوفِ فــي
وجهي، ورحتُ مع الندى أتشــاكلُ

كانَ ابتعــادُ الصبـحِ يصحبُنــي إلى
نفســي ويتركُنـــي هنـــاكَ أُجــادلُ

فأعـــودُ منهـــا بالحقيقـــةِ كلِّهـــا
غصنـــاً فتيّـــاً للهـــوى يتمايـــلُ

هيَّـــأتُ ورداً للــكلامِ وقصَّـــــةً
فــي أُفْقِهـــا بـــدرُ الغـرامِ الكامـلُ

لــي طفلـةُ البحـرِ الحزينـةُ، كلَّمـا
جُرِحـتْ نسـائمُها؛ يضـجُّ السـاحلُ

سـتجيءُ يحملُهـا الجنونُ وخطوُها
كالعطْـرِ يُنثـرُ، كالبـزوغِ يُقابـلُ

حفنةٌ من حنينِ البلاد

حضـــارةٌ لـم تعُـدْ تعنــي ولا تُعنــى
فقـارئُ الطيـنِ عـن ألواحِهـا اسْـتَغْنى

واسَّــاقطتْ كلُّ أوراقِ الــرؤى أسـفاً
والهامشــيُّ رأى فــي نفسِــهِ مَتْنــا

وحـدي ووحـدَكَ مشـغولانِ فـي وطنٍ
أولادُهُ ملــؤُوا جثمانَـــــهُ طَعْنــــا

فكيـفَ تهـربُ يـا منسـيُّ مـن نظَـرِ الـ
ـأيَّامِ؟ كيـفَ تناجـي غيرَهـا سـجْنا؟

تــذودُ عــن ذكريــاتٍ، عَدَّهــا تـرَفـاً
مَــنْ خانَهــا، ودمــوعٍ فُسِّــرَتْ جُبْنــا

وحيـدَةٌ، مـن بنـاتِ الشـمسِ، حالمـةٌ
كانَ الهـروبُ إلـى لحظاتِهـا سُـكْنى

وأنــتَ تتركُهــا مــا قلــتَ: قريتُنــا
قلــتَ: البدايــةُ فالإبحــارُ فالمَعْنــى

إذ كنــتَ آخِــرَ جــوَّابٍ يطمئنُهــا
أنَّ الكنايــاتِ مــن تأويلِهــا تُبْنــى

أضعتَنــي أقتفــي أوهــامَ نافــذةٍ
توَّاقــةٍ لغيــومٍ أمطــرتْ ظَنَّــا

تلفُّنـي صرخـةٌ سـمراءُ، لـو نظـرتْ
عيني إلى الأمسِ؛ تطوي القلبَ لا الجَفْنا

وأغمـرُ الجرفَ مَنْ فـي صمتِهِ خُذِلَتْ
روحُ المغنِّـي ولـم تسـتنطقِ اللحْنـا

لأُمِّنـــا كلُّ حُلْـــمٍ، كانَ آخـــرُهُ
نعـودُ نسـرقُ مـن سـاعاتِها الحُزْنـا

لكنَّهـا تقْصـصُ الأفـراحَ سـاهدةً
وعنـدَ كلِّ صبـاحٍ تدلـــقُ الحِنَّـا

تـدري الرســـائلَ لا تمحـــو لكاتبِها
شـوقاً ولا ترتقـي مـن حبّـِهِ غصْنـا

مـا زالَ رجْـعُ دُعَاهـا حافـلاً بدمـي
أُضمِّـدُ الجُـرحَ مـن أنغامِـهِ الوَسْـنى

والآنَ يـــا ولـــداً عامـتْ طفولتُـهُ
وأسْـلَمتْ للمنافـي رأسَــهُ المُضْنـى

الحـربُ تحصـدُ ذكراهـا تعـالَ معـي
لنمنـحَ الليـلَ طعمـاً والهـوى حضْنـا

تعـالَ والثـمْ ربـوعَ البـدءِ مُعتَنِقـاً
جـذورَهُ عاشـقاً أطيافَـهُ الحسْـنى

وابدأْ مشـاويرَك البيضـاءَ مـن سـعَفٍ
فالنَّخـلُ أكبـرُ مـن آبائِنـا سِـنَّا

حزمةُ الأضداد

أُدوِّنُ مـا يـدومُ ومـا سـيُمحى
لأُكمـلَ مـن ليالي الشـعرِ جُرْحَا

فأذكـرُ أنَّنـي قـد كنـتُ نصّـاً
لأحزانـي وكانَ النـاسُ شَـرْحَا

ولـي وجَـعٌ يعانـقُ كل همْـسٍ
فـلا نُحِّيـتُ عنـهُ ولا تنحَّـى

كبرْنـا شـاعريْنِ فصـارَ زاداً
لمأدبـةِ الحديثِ وصرتُ مِلْحَـا

أنـا التأويـلُ ذو ثقـةٍ بمتْـنٍ
يشـذُّ ويدَّعـي فـي البيـدِ قَمْحَـا

دخلتُ مع الكلامِ أعزَّ حربٍ
أسرتُ بناتِهِ فازدَدْنَ نَفْحَا

ولم يغمضْ ليَ الجفنانِ إلَّا
لأنهلَ منهُ؛ فالأحلامُ فُصْحَى

خسرتُ كسائرِ العشَّاقِ عمْري
وفي مدنِ الخيالِ ربحتُ فَتْحَا

على ظهري يدُ الجلَّادِ تصحو
وتغفو والسياطُ غدوْنَ لَمْحَا

وحسـبي ما اتَّخـذتُ دمي طريقاً
ليـنجيَنـي ومـا اسـتعطيتُ صَفْحَا

أحـجُّ لفكرتـي فـي الليـلِ إثـرَ الـ
ـحقيقةِ محرمـاً لأعـودَ أضْحَـى

فكـم جمعـوا علـى قولـي مُداهمْ
ولكنِّـــي مـــن الســـكِّينِ أنْحَـــى

كأنِّـــي والقصيـــدةَ بيـــنَ قـــومٍ
أعـدُّوا لالتفـاتِ الـوردِ رُمْحَـا

بهمْ حسدُ الأنـامِ، بـدوا سـواداً
وقلـبُ الطيِّبيـنَ رواهُ صُبْحَـا!

علـى عجلٍ هززْتُ بكفٍّ حظِّي
وقلتُ لحزمـةِ الأضدادِ: مرحَى

فكيـفَ أذمُّ مَـن كبـروا ذنوبـاً؟
ومَن عقدوا مع الشـيطانِ صُلْحَا

سـأبقى كالحيـاةِ أسـيرُ وحـدي
ولا أسـدي إلى الأمـواتِ نُصْحَا

وحدتي في الكون

أدرتُ ظهـري لأوهــامِ الأدلَّاءِ
وسـرتُ فـي الأُفْـقِ مكتظّـاً بأهوائي

تقودُنــي وحدتي فـي الكونِ نحوَ غدٍ
أمســكتُهُ وغـدٍ عـن قبضتــي نــاءِ

وكلَّمـا حذَّرتْنــي الريـحُ مـن غـرقٍ
بالبحـرِ أسـعى ولا أسـعى بمينــاءِ

معـي حملـتُ همـومَ الشـعرِ مفتَتِنـاً
بـكلِّ معنــىً تـوارى خلـفَ إيحـاءِ

وكانَ ينقصُنــي فــي رحلتــي عبـقٌ
علـى السـطورِ لكـي أحظـى بقـرَّاءِ

تبدو القصائدُ في الكفَّينِ شاحبةً
فلم تزرْها ببيتٍ بنتُ حوَّاءِ

ولم تمسَّ بنظْراتٍ مطالَعها
فمَنْ سيقرؤُها من غيرِ إمضاءِ

وفجأةً أيقظتْني مثلَ سوسنةٍ
تضيِّعُ العطرَ في أحضانِ صحراءِ

سـألتُها: مَـنْ أنـا؟ أرخـتْ ضفائرَها

ومـرَّ فـوقَ سـمائي لـونُ حنَّـاءِ

عسـى تكونيـنَ كالأحـزانِ صادقـةً

وكالمنايـا تُـرى مـن أوَّلِ الـداءِ

عسـى تكونيـنَ نهْـراً لا أُفارقُـهُ

- إذا ارتويتُ - وأرجو الماءَ بالماءِ

مَتْحَفُ الغياب

عبـرتْ بـيَ الرؤيا مسـافاتِ الكرى
ودخلــتُ عالمَهــا أرى أو لا أرى

بدمـي ارتبـاكُ الطفلِ يجمعُني ندىً
حينــاً وحينــاً أســتحيلُ مُبَعْثَــرا

كانـتْ خطـاي وحيـدةً مجهولـةَ الـ
ـأنحاءِ لـم تلمـسْ ترابـاً أَخْضَـرا

فرمقــتُ بعــدَ تلهُّـفٍ للكشـفِ در
بــاً فــي نهايتِـهِ الضيـاءُ تَجَمْهَـرا

ومشـيتُ محفوفــاً بأشـجارِ الغـرا
مِ مـع النسـيمِ فكـدتُ أنْ أتَشَـجَّرا

حاولـتُ لا أُخفـي فضولـي بالسـؤا
لِ لكـي أُطـلَّ علـى الجمـالِ مُبَكِّـرا

هـل هـذهِ بنـتُ الفـؤادِ بعينِهـا؟
فتظافـرتْ كلُّ الحـواسِ لأَنْظُـرا

لألـوذَ فـي غيـمٍ تَـلألأَ قطـرُهُ
ذهبـاً علـى وجـهِ السـماءِ مُعَطَّـرا

وغشـيتُ مذهـولاً وعـدتُ مناديـاً:
لا حيلـةٌ إلّا الوقـوفُ مُسَـمَّرا

لكنَّ صوتـاً طـافَ روحـي مؤنسـاً
قلبـي الشـجيَّ لأطمئـنَّ وأُبحـرا

ما كنـتُ أُصغي للكلامِ بل امتـلأ
تُ بِوَقْعِـهِ وبـهِ دنـوتُ مُـؤَزَّرا

فمسـحتُ عينـي عندَمـا اقتربتْ يدٌ
ودنـوتُ أكثـرَ كالغريـقِ وأكثـرا

فرأيـتُ عاشـقتي تناقـصَ ظلُّهـا
ليزيدَنـي زيـفُ النهـارِ تجـذُّرا

عائداً من الغَيابة

دربــي المســافةُ بيـنَ الجمْـرِ والجمْـرِ
بــهِ وقفــتُ عنــاداً ماسـكاً عمْــري

بــدأتُ أجمــعُ أنفاســي بــلا رئــةٍ
بــلا بــلادٍ تقينــي لحظــةَ الذعْــرِ

تحصــي يـدايَ وجوهــاً لا تفارقُنــي
هــذا أُقفِّيــهِ، هــذا حزنُــهُ يجــري

عـن لونِنـا قـد ســألتُ الأرضَ منتفِضاً
متــى يخــرُّ الســوادُ المحـضُ للفجـرِ

وكـم سـئمتُ جوابـاً خـانَ أسـئلتي
وأيْقـظَ الولـدَ المجـروحَ فـي السـطْرِ

مـرَّتْ عليـهِ سنينُ الحـربِ، عانقَهـا
حتَّـى اسـتفاقَ علـى ترنيمـةِ الشـعْرِ

مـا كانَ يملـكُ مـوَّالاً لدمعتِـهِ
ولا صديقـاً بطعـمِ البـوحِ للسـرِّ

كلُّ المتـونِ سـتلقى فـي إشـارتِهِ
حبـراً قليـلاً وقاموسـاً مـن الفقْـرِ

يطالُـهُ الهـمُّ أضغاثـاً بغفوتِـهِ
يـزورُهُ طيـفُ منسـيٍّ علـى النهْـرِ

لــذا نـراهُ أغانـي النهْـرِ يحفظُهـا
وراحَ ينشـدُها للجـرْفِ والجسْـرِ

لحونُهـا تصْطَفـي أُمّـاً مُجرَّحـةً
وحيدُهـا قطْـرةٌ فـي نـزوةِ البحْـرِ

فصـارَ صوتـاً تثيـرُ الليـلَ حسـرتُهُ
فكيـفَ يغفـو؟ ومـا للجفنِ من عُـذْرِ

يُبَـرِّئُ الذئـبَ مطعونـاً، وليـسَ لـهُ
مــن البقــاءِ ســوى حرِّيَّــةِ البِئــرِ

يقــولُ للــوردِ: إنِّــي بانتظــارِ يــدٍ
تعمِّـدُ الطفْـلَ بعـدَ العطْـرِ بالعطْـرِ

أضاعَـهُ النبـضُ، لم تُكتـبْ لـهُ امْرأةٌ
إلَّا رأى وجهَهـا فــي حُبِّــهِ البِكْـرِ

يخـافُ مِنْ قصَّـةٍ أخـرى ومـن سفرٍ
بيـنَ العيـونِ ومـن إبحـارِهِ المُغْـرِي

لا جـرفَ يُرمـقُ آنـاءَ المغيـبِ ولا
تلويحـةٌ يقتفيهـا قـاربُ الدَّهْـرِ

مـا زالَ يسـألُ والشـطآنُ تجرحُـهُ
فتـىً توسَّـلَ دربَ التيـهِ والقبْـرِ

مضـى غريبـاً وأعطانـي رسـائلَهُ
وجئتُ أحملُ فحوى الشمسِ في صَدْري

مهـدَّداً باعْترافـي، غيـرَ مُرْتكِـبٍ
تلـكَ المنايـا التـي يشْـقى بها ظهْري

إذا مسَّهُ الشوقُ يُحرَق

أرى وجهَكِ الفضِّـيَّ يخفى ويشْـرِقُ
فتكـذب عيـنُ الحلْـمِ والبعْـدُ يَصْـدقُ

أهـزُّ بجـذعِ الفقـدِ يلقـي قصيـدةً
وصورتُـكِ الأُولـى مجـازٌ مُعلَّـقُ

تدورُ رحى الدنيـا علـى الروحِ مثلَما
تدوريـنَ فـي أُفْقـي أسـىً ليسَ ينْفُـقُ

تمرِّيـنَ كالمعنـى مؤوِّلـةً دمـي
بياضـاً إذا مـا مسَّـهُ الشـوقُ يُحْـرَقُ

تشـيدينَ أيامـي نهـاراتِ حسـرةٍ
وليـلاتِ أوهـامٍ بهـا اليـأسُ أوْثَـقُ

كـمِ افترضـتْ كفَّـاكِ أنّـي مدلَّـلٌ؟
وكـم آمـنَ الوجـدانُ أنّـي المموسِـقُ؟

وكـم كانَ بيتـي فـي رؤاكِ سـفينةً
محاصـرةً بالبحـرِ يطفـو ويَغْـرَقُ؟

فمــن ذلــكَ الطوفــانِ كانــتْ لحبِّنــا
مآثــرُ فــي ليــلِ المجانيــنِ تَشْــهَقُ

كأنَّ علــى رأسِ الحيــاةِ حمامــةً
فلــم تــكُ حتَّــى بالغيــابِ ستنْطِقُ

فعلَّمتِهــا أنَّ الــكلامَ وغيــرَهُ
جــراحٌ بــلا فحــوى ونــزفٌ منمَّــقُ

عنُقُ الفتى وحظوظُه

بـي غربـةُ الجرفيـنِ والسـاحلْ
وتواضــعُ المقتــولِ للقاتــلْ

ورســائلٌ كُتبــتْ علــى عجَـلٍ
كــي لا يغــادرَ عشَّــهُ الزاجـلْ

وجــوابُ أُمِّيِّيــنَ عــن زمــنٍ
فيــهِ الغريــبُ الحــرُّ والسـائلْ

وبــداوةٌ فــي ســعيِها قصمــتْ
ظهــرَ الوهــادِ وعانقــتْ بابــلْ

وجمــوعُ حكَّائيــنَ شــيمتُهم:
لــم يهــدروا يومــاً دمَ القائــلْ

وفــمٌ وحيــدٌ لا كنايتُـــــهُ
نفعــتْ ولا تلويحُــهُ الزائــلْ

ودمــوعُ فــلَّاحِ علــى جــدبٍ
والنــاسُ تســألُهُ عــنِ الحاصــلْ

بــي كلُّ هــذا، مَــن يحرِّفُنــي
ولقــد ولــدتُ بمعجــمٍ كامــلْ؟

ينمو مع الوجعِ الصغيرِ كما
تنمو النهايةُ في سرى الغافلْ

قالتْ عيونٌ قد رأتْ شجري:
عنُقُ الفتى كحظوظِهِ مائلْ

لم تربكِ امرأةٌ قصائدَهُ
بحريرِها وعبيرِها الهائلْ

في رأسِهِ شعرٌ وفي يدِهِ
لغةٌ لذا؛ لمَّا يزلْ راحلْ

سيجوبُ بلدانَ الرؤى طمَعاً
بفصولِها الأشهى، بلا طائلْ

يا ليتَ ما رفَّتْ ولا نطقتْ
بعضُ العيونِ حديثُها ذابلْ

بجنونِها تمضي ولو بصُرَتْ
حزني؛ تقولُ: وحدِّثْ العاقلْ

قَمَرُ المواجع

قلقـي علـى طـرقِ القصائـدِ يغـوي
أرقــى بــهِ عبثــاً وأرجــعُ أهــوي

هــذا التلاعــبُ بالظــلالِ لعلَّــهُ
يصطــادُ حضنــاً مـن ليالـي السَّهْوِ

أبحـرتُ فـي المـاءِ المحايـدِ مؤمنـاً
أنَّ المســافةَ وحدَهــا مَــن تُــؤْوي

وقـرأتُ فـي العشَّـاقِ سِـفْراً للمنـى
يُطـوى وسِـفْراً للمواقـفِ يَطـوي

وقـرأتُ أنَّ الليـلَ فـي رأسِ الفتـى
امـرأةٌ بهـا قمـرُ المواجـعِ يـذْوي

فاخضـــرَّ قلبـــي ثـــمَّ فـــرَّ بـــوردِهِ
متجـــرِّداً مـــن أُحجيـــاتِ السَّـــرْوِ

البنـــتُ كلٌّ مدينـــةٍ ســـهرانةٍ
لـو شئتُ أدخلُهـا فكيـفَ سـأنْوي؟

بـل كيـفَ يحملُنـي الفضـولُ لكفِّهـا
ولقد سكبتُ على التجـاربِ دَلْوي؟

فأصابَنـــي ضـــدَّانِ: مـــا أحلاهُمـــا
بُعْـــدِي بـــلا أمـــلٍ وكلُّ دُنـــوِّي

أركضــتُ نحْــوَ بريقِهــا أم أنَّنــي
فــي عزلـةٍ وأخذتُ أركضُ نَحْوي؟

فرأيتُ تاريخـاً من الحـزنِ المؤنَّثِ
حــالَ بيــنَ حضورِهــا والمحْــوِ

ولمســتُ أسـئلةً تضــجُّ بصدرِهـا
كضجيـجِ أوهـامِ الخريـفِ مُـدوِّي

هــل يســتعيرُ حقيقتــي ويقولُهــا
شــعراً ويتركُنــي أمــامَ الصَّحْــوِ؟

هل في الهوى شكٌّ إذا رجلٌ سعى
بأناملي الحلوى وحزني الحلْوِ؟

وتظلُّ تهربُ وهْيَ رهْنُ سؤالِها
وأظلُّ أُمسكُها كحبلٍ رَخْوِ

فيخيبُ سعيُ الريحِ حينَ أضمُّها
مطراً ونسقطُ فوقَ أرضِ اللهْوِ

يا طفلةً أحتاجُ في تأويلِها
قاموسَ آبائي وحجَّةَ نحْوي

لماذا أيَّتُها الريح؟!

دمـي فـي العـزفِ يُكْسـرُ مثـلَ لحْنِ
فيهـــــدرُهُ المُغنَّـــــى والمُغنِّــي

وتبــدأُ رحلــةُ التقريــعِ بينــي
وبيــنَ العالقيــنَ بحُسْــنِ ظنِّــي

أنــا بعــدَ الغــروبِ أعــودُ طفــلاً
وأبحـثُ عـن يـدٍ أو بعـضِ حُضْـنِ

أنــا أضــعُ الـكلامَ بـكلِّ صمــتٍ
فتكبــرُ غربتــي ويطيــبُ حُزْنــي

أنــا الجــوَّابُ مــن قلــبٍ لقلــبٍ
قميصــي لــم يقدْنــي نحــوَ سـجْنِ

أضعـــتُ العالـــمَ الغزَلـــيَّ بـــدراً
وأغرقـــــتُ الليالـــــي بالتجنّـــي

فكنـــتُ لدمعتـــي ســـرّاً فأفشـتْ
هواجسَـــــها لقافيـــــةٍ ووزْنِ

أُثابـــرُ كالغريـــقِ أمـــامَ جـــرفٍ
يصبِّرُنـــي وجـــرفٍ فـــرَّ منّـي

تطاردُنـــي الحتـــوفُ فأتّقيهـــا
وأقتحـــمُ الـــرؤى ليـــلاً بمتـــنِ

فأقلـــعُ للقصيـــدةِ كلَّ ضـــرسٍ
إذا استـــعصتْ وأهجـــرُ كلَّ غصْـــنِ

عبثُ الموج

يُقسمُ الدربُ يومَ كانوا صغارا
نحتوا الحزنَ نجمةً وانتظارا

كم تُضاءُ الجهاتُ فيهمْ
ويأتي قارِبُ الحبِّ شاطئاً مُستعارا

عائداً باعترافِهمْ حيثُ قالوا:
عبثُ الموجِ مَن يصونُ البحارا

كنتُ نهْراً منَ الأماني وكانوا
للأغاني نبيذَها المُستثارا

بدَّدتْنا أحلامُنا في مَداها
فأضعْنا جُذورَها والثِّمارا

مِثلَما مطلَعُ القصيدةِ يكفي الـ
ـعاشقينَ؛ الظنونُ تكفي احتِضارا

طاعِناً في تلاشِياتِ سِنينٍ
ظلَّ وجهي؛ فلا هوىً لا عذارى

لا النِّهاياتُ صافحتْهُ جَدِيراً
بمَواعيدِها ولا الحبُّ ثارا

أنثرُ الوردَ خشْيةً من حياةٍ
وحبيبٍ غُرِسْتُ فيهِ اخضرارا

كانَ عشّــاً مــن النــوادرِ قلبــي
صانَــهُ، ثــمَّ هــدَّهُ، ثــمَّ طــارا

ثــمَّ مــاذا؟ كلُّ العناويــنِ كــفٌّ
لوَّحــتْ أنَّ فــي النجــاةِ انتحــارا

آخــرُ الفقْــدِ: أنْ يصــدِّقَ أهلــي
فــي المواويــلِ شــاعراً قــد تــوارى

فأنــا فــي دمــي ســأدفنُ شــوقي
ومزيــداً مــن الــرؤى وديــارا

ربَّمـا لحظـةَ الخسـوفِ أرى فـي
زمـنٍ مـا أُزيـحُ وجهـي الغبـارا

ربَّمـا مـن قصيـدةٍ أوَّلَ الدمـعِ
أُسـلِّي بهـا قلـوبَ الحيـارى

سـوفَ أبقـى مُهـدَّداً بمجيئـي
غيمـةً تقطـعُ الشـكوكَ القفـارا

إنَّمـا الصمـتُ - بعـدَ ذاكَ - لذيـذٌ
فالإجابـاتُ لا تليـقُ اعتـذارا

أكثرُ من الوهم

عـن عاشـقٍ مـلأَ الدنيـا تَداعيـهِ
الجسـمُ حاضـرُهُ والعقـلُ ماضيـهِ

عـن القصيـدةِ: لا معنـىً لشاعرِها
يكفـي ليشـرحَ بعضـاً مـن مراثيـهِ

عـن الطريـقِ: مشـى دهراً لساقيةٍ
ومـا روتْـهُ لجـرحٍ ظامـئٍ فيـهِ

عن السـماءِ.. وهذا الشـرحُ يطعنُني
أنـا الغريـبُ الـذي لا أرضَ تعنيـهِ

ضعـي يديـكِ علـى تابـوتِ حكمتِهم
وحاولـي عن فمِ النسـيانِ تنزيهي

وإن رثـى حلْمَنا العشّـاقُ؛ فاعترفي
لهـم بـأنَّ الفتــى جفَّـتْ أغانيــهِ

وظـلَّ يذرفُ ضـوءاً كالغروبِ وما
مـن نجمـةٍ رضيَـتْ للصبْـحِ تُلقيـهِ

وحاصرتْــهُ عيـونٌ كانَ يدخلُهـا
كبيتِــهِ فغــدَتْ أُولــى منافيــهِ

هـو الـذي لـم يكـنْ إلّا دفاتــرَهُ
وحبــرَهُ وقليــلاً مــن تَعافيــهِ

كالنـارِ أيَّامُـهُ تعدو إلـى حطـبِ الـ
ــأحلامِ يطعمُهـا زيتـاً تَغاضيـهِ

أحيا دونَ قصد

أرى بعدَ الغروبِ طيوفَ وجْدِ
كأنِّـي قد هدمتُ العمْرَ وحدي

وشَـيَّدْتُ الحيـاةَ كبيـتِ شِـعرٍ
ليقـرأَ حيرتـي الآتـونَ بَعْـدِي

وخاصمتُ الندى فابتلَّ وجهي
وعانقتُ المدى فازدادَ بُعْدِي

يذكِّرُنـي بموتـي نصـفُ أُنثـى
علـى ذاكَ الطريقِ ونصفُ عهْدِ

وهمْسٌ من حديثِ الماءِ يصحو
بـهِ قلبـي علـى جـزْرٍ ومـدِّ

صغاراً كنـتُ أحسـبُها هومـي
كبـرْنَ وما كبـرتُ على التحدِّي

تُبعْثرُنـيْ السـنينُ علـى المرايـا
وتتركُنـي - مصادفـةً - ولحْـدي

أنـا الطفلُ المضـاعُ أموتُ حرباً
مـع الماضـي وأحيـا دونَ قصْـدِ

أمـرُّ علـى المحبِّيـنَ القدامـى
مـرورَ طريـدةٍ فـي حقـلِ وَرْدِ

فـلا عطْـرٌ يُشـمُّ بـكلِّ لـونٍ
ولا امـرأةٌ تَشـكَّى قِصْـرَ ودِّي

سرديَّةُ الأخطاء

مثــلاً ســنأخذُ بعضَنــا لمســاءِ
نســقي بــذورَ العشــقِ بــالإدلاءِ

ونطــاردُ الأحــلامَ ثــمَّ نضيعُهــا
فــي لجَّــةِ الأقــوالِ والآراءِ

ونشمُّ خيبتَنا بأنسامٍ مضتْ عطراً
لترجــعَ أوضــحَ الأشــلاءِ

ونــدورُ حــولَ مصيرِنــا بتســاؤلٍ
ونــدورُ حــولَ جفافِنــا بإنــاءِ

أنـتِ المكيدةُ، لا... أنا كنتُ القصيـ
ـدةَ؛ حينَمــا بالغــتَ بالإغــواءِ

كـم كنـتَ تطلبُنـي سـماءً للـكلا

مِ وتقتفـي أثـري بألـفِ دعـاءِ

والآنَ أنـتَ تـراوغُ الذكـرى لِتَخْـ

ـرُجَ متخَمـاً بحماسـةِ الشـعراءِ

لا بـأسَ تلقيـنَ النهايـةَ كلَّهـا

لأكـونَ بيـنَ البـدءِ والإبـداءِ

لا رأيَ للـراوي وإنْ بطـراوةٍ

سـتطيعُهُ سـرديةُ الأخطـاءِ

نضجَ البكاءُ الثرُّ؛ حينَ تمازجتْ
كلماتُكِ الأُولى بلونِ دماءِ

لو تشربينَ معي الأسى من نبعِهِ
سنذوبُ أشياءً على أشياءِ

ويكونُ ثالثَنا الغيابُ يدلُّنا
في البوحِ عندَ تهرُّبِ الأضواءِ

وتظلُّ أعذاري تحومُ وكلَّما اسـ
ـتنفدتُ عذراً لذتُ بالإصغاءِ

وأُمــرِّنُ الكفَّيــنِ تعتــذرانِ عــن
مــا كانَ أو ســيكونُ مــن إيمــاءِ

وأُطيـلُ في وصفي كما ستطيلُ في
قطفــي رؤاكِ وأكتفــي برجائــي

ويصيرُ وجهي خلفَ سورٍ غامضٍ
لا نجــمَ يرمقُــهُ علــى اســتحياءِ

حتَّــى أمــرَّ بــهِ هواجــسَ شــاعرٍ
فــي نفسِــهِ غــزلٌ بــزيٍّ رثــاءِ

لذَّةُ الضوء

كتبنا كثيراً

لنحيا بعيدينَ عنَّا

كتبنا لأنَّا

نعلِّقُ أَسماءنا بالحروفِ

نزيِّنُها بالفواصلِ

نعطي الحكايةَ شَكْلاً جديداً عن

الحربِ

إنْ خانتِ الفكرةُ السطرَ

عُدْنا

لنخلقَ حرباً
تُعبِّدُ كلَّ البيوتِ
فتبدو كحبلٍ يجرُّ إلى الأرضِ نجماً
بأقصى السماءِ
وفيها السواقي تجفُّ مواعيدُها
باندلاعِ الغروبِ
يموتُ الصغارُ على مهْلِهم
قبلَ نورِ الشموعِ
يموتُ الكبارُ على رسْلِهم

فرحينَ

أتمُّوا الخلاصَ

ونحنُ الوحيدينَ

نبقى حياةً بأغصانِها الزائفهْ

فلا نتحسَّسُ أنَّ الرَّصاصَ يحيِّي

الضحايا

ويمنحُهم لذَّةَ الضوءِ

في العاصفهْ

نهايةٌ مورقة

يتطيَّرونَ على الضحيَّةِ:
ليسَ من عاداتِهِ الموتُ
البطيءُ على الأسرَّةِ
وانتظارُ الماءِ
من سُحُبِ الرمادْ

قالوا لهُ: اخترْ يا فتى قبراً
جِوارَ البئرِ فهو أنيسُكَ
المطعونُ في وسطِ الوهادْ

ظمأُ الحقيقةِ سوفَ ينخرُ ما تبقَّى في
العظامِ من العنادْ

وكظلٍّ زوجتِك البعيدةِ

تذبلُ الأيامُ فيكَ

وترتقي شيئاً فشيئاً

ثم تركبُ مسرعاً

مهرَ الحِدادْ

ويكونُ فصلُ الموتِ عادْ

بنتُ الضباب

سأبدأُ من لحظةِ الخوفِ
دربي الطويلَ
وأعلمُ أنَّ البدايةَ
بنتُ الضبابْ

سأنثرُ ضوءَ الحبيبةِ
فوقَ الجفونِ
وأستلُّ من دفئِها
غيمةً لليالي الأخيرةِ من عمْرِنا
حين تصبحُ كلُّ الفصولِ شتاءً
ونجلسُ مُنتظِرَينِ الترابْ

على ذِكْرِ أيَّامِنا الخضْرِ
نحيا كظلَّينِ من زمنِ القطْفِ
مستمرِئَيْنِ العتابْ

نخافُ من الفجرِ
قد يصطفي واحداً للعبورِ إليهِ
ويتركُ آخَرَ مُستغْرِقاً في الغيابْ

حياةٌ مقوَّسة

نحنُ اعتباراً من غدٍ
سنكونُ في الطرقاتِ
لا بيتٌ لدينا
نسكبُ الأسرارَ فيهِ
ولا فمٌ يتلو القصيدةَ كي ننامْ

نحنُ اعتباراً من غدٍ
سنجولُ في التاريخِ
في صفحاتِهِ البيضاءِ
والسوداءِ
نطرقُ كلَّ بابٍ موصدٍ كالموتِ
نحملُ نعشَنا قمحاً ويتبعُنا الحَمامْ

سنصيرُ أضغاثَ المدائنِ
لو رآنا المتعبونَ
العابرونَ من الضجيجِ إلى الظلامْ

ستظلُّ تشتمُنا المنازلُ
حين نكشفُ وجهَنا في الليلِ
والجدرانُ إذْ تعلو
لتهبطَ كلُّ أحلامِ اللصوصِ
الهادرينَ دمَ الكلامْ

لا ضوءَ يهدينا
ولا لصٌّ سيكشفُ عن ملامحِهِ

لنقنعَهُ بأنْ نمنا فصولاً
في العراءِ ولم نخفْ

فحقائبُ العشَّاقِ
لا تحوي الجواهرَ والتحفْ

تحوي رسائلَ لم تصلْ
وطوابعَ انقرضتْ
وتحوي ساعةً يدويَّةً
دارتْ على شتَّى المواعيدِ
المصانةِ في العناءِ
وفي الترفْ

ماذا ستحوي

غيرَ معنى العمْرِ

والقلقِ اللذيذِ

ودمعتينِ من الغيابِ

ولحظتينِ من الشغفْ؟

من يشتري أحلامَنا؟

نحنُ اعتباراً من غدٍ

سنكونُ مِن كفٍّ لكفْ

الطريق

أنا إنْ سألتِ:

فتىً ساخرٌ بالوصولِ

بقولِ الحقيقةِ

بالقلبِ حين التذكُّرْ

صغيرٌ على الهمِّ

حينَ اعتراني هوىً

ردَّني عن طواعيةِ الريحِ

أنتِ جعلتِ دمي مُرْبَكاً

لا تحرِّكُهُ الأُغنياتُ وحسبُ

بهِ الرغبةُ اكتملتْ للتجذُّرْ

فهرس